글 이미애

중앙대학교에서 문예창작학을 공부했으며, 현재 어린이책 작가로 활동하고 있습니다.
눈높이문학상, 새벗문학상, 삼성문학상을 받았으며 할머니가 되어서도 좋은 동화를 쓰고 싶은 꿈이 있습니다.
쓴 책으로는 〈반쪽이〉, 〈무엇이 무엇이 똑같을까〉, 〈이렇게 자 볼까? 저렇게 자 볼까?〉, 〈가을을 만났어요〉,
〈에헤야데야 떡타령〉, 〈아버지가 남긴 돌 고인돌〉, 〈동궁마마도 힘들었겠네〉, 〈달려라 축제버스〉 등이 있습니다.

그림 최미란

서울시립대학교에서 시각디자인을 공부한 뒤 그래픽 디자이너로 활동하다가
동 대학교 디자인대학원에서 일러스트레이션을 전공했습니다.
그린 책으로는 〈누구 없어요?〉, 〈때때옷 입고 나풀나풀〉, 〈저승사자에게 잡혀간 호랑이〉,
〈돌로 지은 절 석굴암〉 등이 있습니다.

감수 신항균

성균관대학교 대학원 수학과를 졸업했습니다.
공군사관학교와 우석대학교 교수를 역임했고,
미국 애리조나 주립대학교 수학과 교환교수로도 활동한 바 있습니다.
지금은 서울교육대학교 수학교육과 교수로 재직 중이며,
동 대학교 초등수학교육연구소장으로 있습니다.
또한 서울교육대학교 영재교육원 운영위원으로도 활동하고 있습니다.
초등학교와 중학교, 고등학교에 이르기까지 수학교과서 집필책임교수로 활동했고,
저서로는 〈수학사와 수학이야기〉, 〈클릭 수학나라〉, 〈영재들의 1등급 수학교실 시리즈〉가 있습니다.

2단계 복합 분류 27

황금 똥 두꺼비

글 **이미애** 그림 **최미란** 감수 **신항균**
펴낸곳 **(주)아람키즈** | 펴낸이 **이소영** | 주소 **서울특별시 성동구 성수이로 147 아이에스비즈타워 2F**
고객센터 **1644-4521** | 팩스 **02-468-5548** | 홈페이지 www.aramkids.co.kr | 출판등록 **제2020-000011호**
기획 편집 디자인 **(주)아람키즈 하늘땅**
ISBN **979-11-6543-568-4 979-11-6543-509-7(세트)**

황금똥 두꺼비

글 이미애
그림 최미란
감수 신항균

아람키즈

이야기 듣는 것을 매우 좋아하는 할머니가 있었어.
"여보, 영감! 재미있는 이야기 한 자락 해 주소."
하지만 할아버지가 아는 이야기는 죄다 해 줘서
더 이상 들려줄 이야기가 없더래.
할머니는 이야기를 못 들으니 청소도 밥도 하기 싫었어.
할아버지는 걱정이 ***태산**이었지.

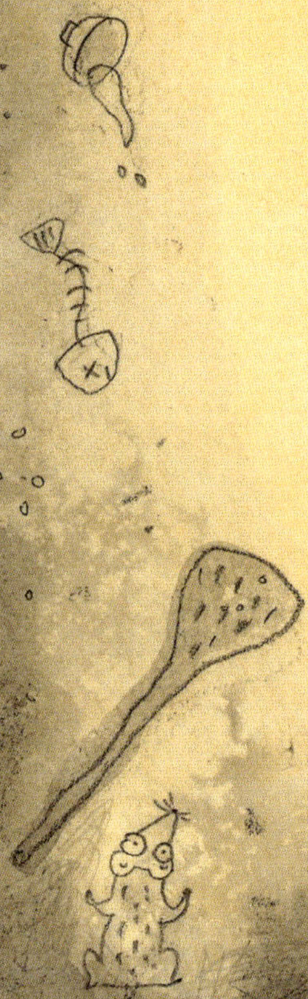

어느 날 할머니가 할아버지에게 말했지.
"장터에 가서 얘깃거리를 사 오면 어때요?"
할아버지는 가슴이 ***덜컥** 내려앉았어.
"무슨 돈으로 얘깃거리를 사 오나?"
돈을 마련할 길이 없어 마음이 무거웠지.

그때, 자식 삼아 기르는
두꺼비가 똥을 누려고 하네.
"저놈은 밥도 못 먹었을 텐데
나올 똥이 있나?"
두꺼비는 똥을 다 누고 나더니
엉금엉금 기어가 버렸어.
그런데 똥 눈 자리에서
번쩍번쩍 빛이 나지 않겠어.
자세히 들여다보니
손톱만 한 황금 똥이 있는 거야.

할아버지는 황금 똥을 들고 이야기를 사러 장터에 갔어.
이리 기웃 저리 기웃하다가
지나가는 털북숭이 사내를 붙잡고 물었지.
"이보시오! 재미난 얘깃거리 파는 곳은 없소?"
"무슨 수로 그 비싼 걸 사려고 그러시오?"
"우리 집에 황금 똥을 누는 두꺼비가 있는데 무슨 걱정이오."

"저기 장터 뒤쪽 밭에서 기다리시오. 내 금방 이야기 장수를 데려오리다."
털북숭이는 ***부리나케** 가더니 한참을 오지 않았어.

할아버지는 황금 똥이 제대로 있나 주먹을 펴고 보려는데
그만 황금 똥이 떼구루루 굴러떨어졌어.
마침 밭에서 먹이를 찾고 있던 두루미가
얼씨구나 하고는 꿀꺽 삼켜 버리지 않겠어.

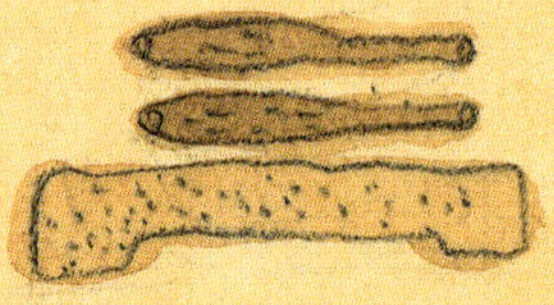

할머니는 밥상을 차려 놓고 할아버지를 맞았어.

"영감, 영감! 그래, 재미있는 얘깃거리는 사 오셨소?"

"글쎄, 그게…… 누가 우리 황금 똥을 날름 훔쳐 갔다오."

"아니, 어떤 도둑놈이 우리 황금 똥을 훔쳐 가요?"

그때 황금 똥을 누는 두꺼비를 훔치러
도둑 떼가 온 거야.

도둑 떼는 문밖에서 엿듣다가 그만 ***야단**이 났어.

“벌써 누가 두꺼비를 훔쳐 가 버렸다는데?”

“도둑놈이래! 도둑놈!”

할아버지는 우물쭈물 말했어.
"그놈은 털북숭이 수염처럼
시커먼 꼬리를 달고 있었어."
가만히 엿듣던 도둑이 쪼르르 달려가
털북숭이 두목에게 말했어.

"털북숭이 수염이 있는 놈이래!"

애가 탄 할머니가 쫑알쫑알 ***다그쳐** 물었지.

"키는 컸소, 작았소?"

"그놈 키가 작았지!"

옛듣던 도둑은 또 두목에게 말했어.

"**키가 작은** 놈이래!"

키가 큰 두목은 기분이 좋아졌어.
"이 중에서 키가 작은 놈들을 한쪽으로 모아라!"

이리 밀치고 저리 밀치고 도둑들은 야단이 났어.

수염이 있는 도둑들은 다시

키가 큰 도둑과 **키가 작은** 도둑으로 **나뉘었지.**

"그놈 머리통은 어찌 생겼소?"
"마치 혹부리 영감의 커다란 혹처럼 생겼지."
이번에도 엿듣던 도둑이 말했어.
"그놈 머리통에 **커다란 혹**이 달려 있대!"

“아니, 그놈이 도대체 어쨌기에 황금 똥을 뺏겼소?”
“툭 튀어나온 입으로 날름 삼키고 달아났지 뭐요.”
엿듣던 도둑은 헐레벌떡 달려가 말했어.
“**입이 툭 튀어나온** 놈이래!”

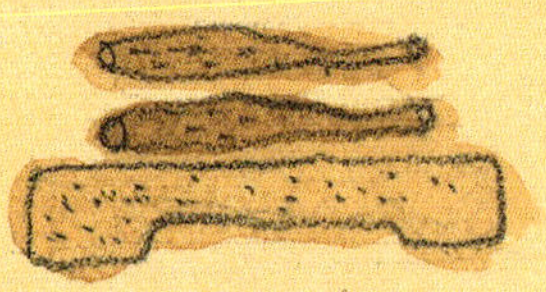

할머니는 쯧쯧 혀를 차며 말했어.
"어이구! 이제는 어찌할 셈이오."
"글쎄, *포졸에게 잡아 달라고 해야지."

"포졸이 잡으러 온대! 포졸이!"

엿듣던 도둑이 달려가 큰 소리로 말하자
도둑들은 다리도 안 보이게 쌩하니 내빼고 말았대.

엄마가 보기

여러 가지 기준으로 분류해 보아요

많은 사물이 섞여 있는 곳에서 갖고 싶은 것을 찾으려면 어떻게 해야 할까요? 처음에 아이들은 대략적인 모양만으로 분류하다가 차츰 세부적인 모양이나 색상, 재질의 특성 등으로 분류를 시도합니다. 나중에는 두 가지 이상의 물리적인 속성을 기준으로 사물을 분류할 수 있게 되지요.

아이와 함께 색과 모양, 모양과 크기, 색과 촉감 등 두 가지 기준을 모두 만족시키는 사물을 찾아 보세요. 예를 들어, 모양과 색이 다른 여러 개의 돌멩이를 가지고 분류 활동을 한다고 가정해 보세요. 만약 동그랗고 검은색인 돌멩이를 찾으려면 어떻게 해야 할까요? 우선 모양이 동그란 돌멩이와 그렇지 않은 돌멩이로 분류한 다음, 동그란 돌멩이를 색깔이 검은 돌멩이와 그렇지 않은 돌멩이로 분류하면 됩니다.
아이가 **두 가지 이상의 기준으로 분류**를 할 수 있다면, 사물이 갖는 기능과 속성이 다양하다는 사실도 알게 될 것입니다.

아이가 보기

두목은 도둑들을 어떻게 분류했나요?

수염이 있는 도둑과
수염이 없는 도둑으로 분류했어요.

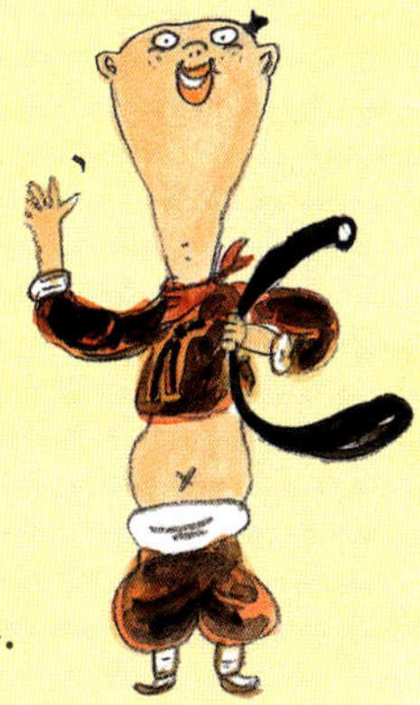

키가 작은 도둑과
키가 큰 도둑으로 분류했어요.

아이와 함께 하기

파란색 의자를 고쳐 주세요

의자에 박혀 있던 볼트와 너트를 찾아 의자를 고치려고 해요.
의자를 고칠 수 있도록, 파란색이고 머리가 네모 모양인 볼트를 찾아 보아요.

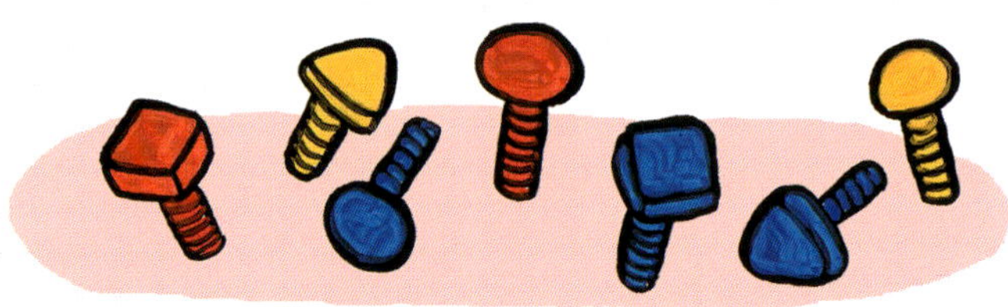

먼저, 파란색 볼트를 찾아 보세요.

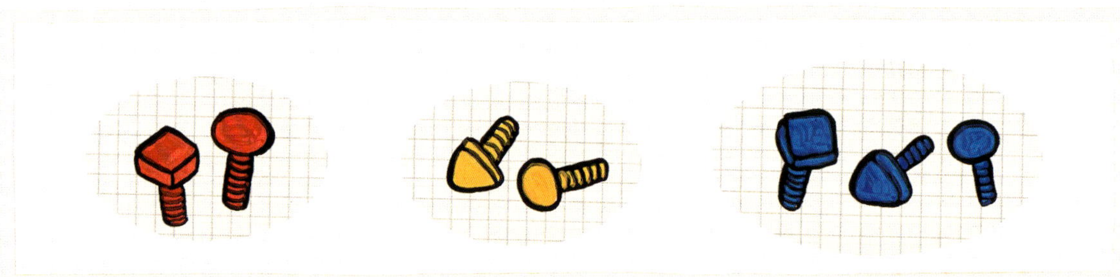

그다음, 파란색이고 머리가 네모 모양인 볼트를 찾아 보세요.

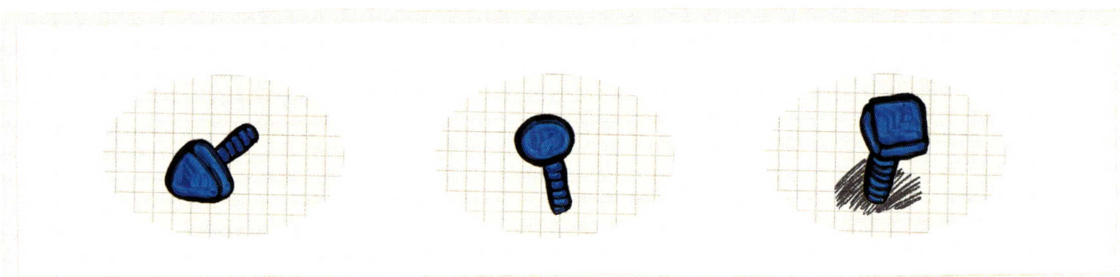

의자를 고칠 수 있도록, 파란색이고 네모 모양인 너트를 찾아 보아요.

먼저, 파란색 너트를 찾아 보세요.

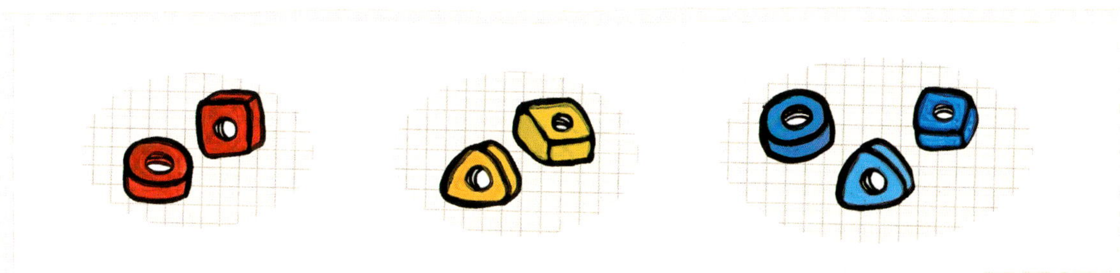

그다음, 파란색이고 네모 모양인 너트를 찾아 보세요.

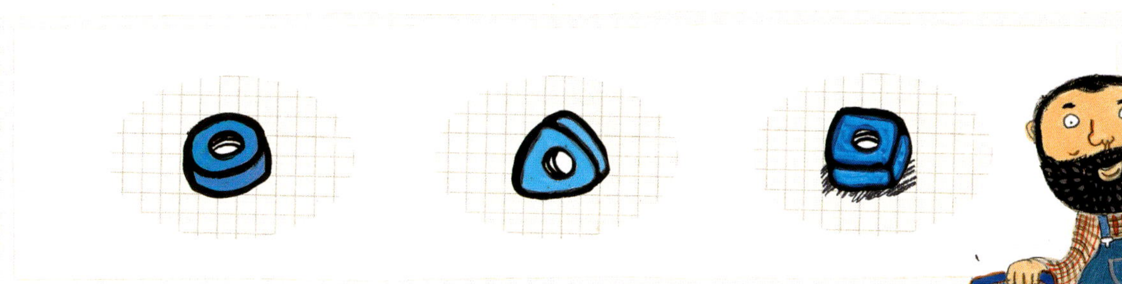